Christoph Gysel

Stammtisch 2

arteMedia

Christoph Gysel

Stammtisch 2

Würzig-Zugespitztes
aus der Feder eines Gastwirtes

arteMedia

Die Deutsche Bibliothek – CIP-Einheitsaufnahme

Gysel, Christoph:
Stammtisch 2 –
Würzig-Zugespitztes aus der Feder eines Gastwirtes.
Illustriert von Candrian, Christoph.
Mit einem Vorwort von Reutimann, Esther.
arteMedia 2005
ISBN 3-905290-38-3

ISBN 3-905290-38-3

www.arte-media.ch
Umschlaggestaltung:
Victor Winteler unter Verwendung eines
Cartoons von Christoph Candrian.
Druck: St. Johannis-Druckerei, 77922 Lahr
Printed in Germany

Inhalt

Vorwort

Am Stammtisch haben wir Frauen doch nichts zu suchen! Warum er, der erfahrene Hotelier und Winzer aus dem Wallis, der evangelische Prediger im katholischen Saastal, gerade mich an seinen Stammtisch bittet? Vielleicht glaubt er, dass ich ihn und seine Schreibe besonders gut verstehe. Da hat er nicht ganz Unrecht.

Christoph Gysel ist ein langjähriger Freund von mir, manchmal aber ein fast wortkarger Freund. Manches gilt es bei ihm zu erraten. Er gibt Gedankenfetzen von sich und denkt den Rest zwischen den Zeilen. Wer's nicht versteht, vielleicht auch nicht verstehen will, soll es bleiben lassen. Als Autor kann er mehr aussagen als im wirklichen Leben. Er schreibt zwar auch in karger Sprache, doch wenn er nur mit sich und dem Bildschirm allein ist, öffnet sich seine Herzenstür, und er lässt tief in die männliche Seele blicken. Er verarbeitet Erfahrungen und zeigt dabei stolz seine Stärken und kleinlaut seine Schwächen auf. Weil mich männliche Stärken und Schwächen interessieren, lese ich auch jeden seiner »Stammtische« im Chrischona-Magazin (CMA). Ich erfahre da Dinge über Männer, die sonst kaum einer zu sagen wagt – sympathisch, ehrlich, männlich, offen, lebensnah. Nicht fromm, aber in spürbarem, ehrlichem Kampf ums Gute – und im ehrlichen Bemühen, das Abenteuer Leben mit Gottes Hilfe zu bewältigen.

Ich danke dir, Christoph, dass du den Mut hast, heikle Themen anzutippen und dass du die Kraft aufbringst, neben Lob sicher auch Schelte einzustecken. Du bist ein Prediger, der spürt, was seine Schäfchen im wirklichen Leben bewegt. Du bist ein unvollkommener Christ, der über sich selber staunen und lachen kann, der sich bedauert und betrauert, manchmal über sich selbst hinaus wächst und sich unermüdlich bemüht, den Lebensweg in Gottes Leitplanken zu gehen.

Auch diesen zweiten »Stammtisch«-Band hat Christoph Candrian, ein junger Prediger aus Winterthur, einfallsreich illustriert. Männer sind an diesen Stammtisch eingeladen. Auch Frauen dürfen sich dazu setzen, aber nur Frauen, die mit weitem Herz an Männern interessiert sind. Viel Vergnügen beim Einblick in die Männerseele!

Esther Reutimann

Mit geringem technischem Aufwand kann das Eheglück auch während der Fussball-WM gewährleistet werden...

DER SPORTLICHE MANN

Genießen, wenn mal andere laufen

Fußball-WM 2002. Bald ist es soweit! Ein Highlight im sonst oft so trüben Alltag. Für manche Männer sei dies wie Weihnachten – und zwar über Wochen. Darauf fiebern sie hin, schon seit Monaten. Sport, Spaß, Spannung ist angesagt. Zugegeben, der Sport ist in diesem Fall ziemlich passiv. Der Spaß relativ, wo ich mich erfahrungsgemäß bei jedem Fehlschuss immer so aufregen muss. Und Spannung? Ja, wahrscheinlich wird es auch einige Spannungen mit meiner Frau geben, wenn der vielbeschäftigte Mann plötzlich stundenlang vor dem Fernseher sitzen kann ...

Trotzdem, ich freue mich auf die WM! Hoffe auf packende Spiele. Wünsche mir, dass sich technisch versierte Mannschaften durchsetzen und nicht der athletische Kampffußball die spielerische Eleganz bodigt. Da die Schweiz an der WM in Japan/Südkorea nicht dabei ist, kann ich mich neutral und vorurteilslos dem Geschehen widmen, die Spiele einfach genießen.

Sicher, es gibt Wichtigeres als den Fußball. Das Reich Gottes. Die Finanznöte christlicher Werke. Familie, Beruf. Der Weltfrieden. Hunger, Armut, Gerechtigkeit ... Wahrscheinlich ist fast alles wichtiger als der Fußball. Ja, ein Christ kann wichtigere Dinge tun als ein Fußballspiel schauen. In Anbetracht der extremen Geldmenge, die da schließlich im Spiel ist, könnte man dies asketisch ablehnen. Nur, auch der christliche Mann braucht musische und entspannte Momente. Ich bin überzeugt, dass dies selbst für den Apostel Paulus galt. Woher hätte er sonst so präzise Kenntnisse über die damaligen Sportveranstaltungen haben können?

Unsere Zeit fordert uns Christen ganz. Im Job muss ich meinen Mann stellen – und dies bei zunehmendem Druck. Die Familie fordert mein Engagement. In der Gemeinde wird so manches erwartet. Gesellschaftliche Verpflichtungen dürfen nicht einfach vernachlässigt werden.

Verantwortung, Druck, davon habe ich genug! Ein spannendes Fußballspiel kann mich auf andere Gedanken bringen. Sicher tut es manchem von uns gut, sich vor dem TV zu entspannen, genüsslich einmal andere laufen zu sehen ...

Genießen wir es doch, wenn je elf Akteure versuchen, den bekanntlich »runden Ball« im gegnerischen Tor zu versenken! Freuen wir uns doch an gelungenen Spielzügen, an Flankenbällen, die ankommen! Dribblings, die zum Ziel führen, und eben an schönen Toren! Entspannen wir uns doch beim eigentlich unwichtigen Fußball! Wahrscheinlich gelingt es uns dann wieder besser, sich den Herausforderungen des Alltags zu stellen. Abgesehen davon könnten diese Spiele auch eine gute Gelegenheit sein, einen Arbeitskollegen einzuladen, Beziehungen zu pflegen.

Ja, das müsste auch meine Frau einsehen! In jüngeren Jahren hat sie doch selber leidenschaftlich Fußball gespielt. Vielleicht könnten wir das eine oder andere Spiel auch gemeinsam anschauen. Ich könnte diesen Wunsch doch einfach einmal deponieren. Natürlich gepaart mit dem Versprechen, dass ich nicht sämtliche Spiele schauen muss und ein »fußballfreier« Ausflug in die herrliche Walliser Bergwelt auch während der WM drin liegt ...

MANN UND GESELLSCHAFT

Bin ich ein positives Element?

Das Schreiben liegt mir. Und ich schreibe auch gerne. Dazu scheinen meine Schreibkünste sogar anzukommen. Das ist mit ein Grund, warum eine Auswahl meiner »Stammtische« nun als Buch erschienen ist. Schreiben tut mir gut. Für mich ist dies die treffendste Art der Kommunikation.

Geschmeichelt fühle ich mich natürlich dadurch, dass meine Schreibkünste selbst bei weltlichen Fachpersonen positive Kritiken erhalten. Als ein Journalistenfreund deshalb den Vorschlag machte, dass ich auch für weltliche Zeitungen schreiben solle, wollte ich es auf einen Versuch ankommen lassen und sandte Unterlagen an verschiedene Redaktionen. Was daraus wird, weiß ich noch nicht. Aber aufgewühlt hat mich die Antwort des Chefredaktors der »Aargauer Zeitung«. Auf Mitarbeiter aus Freikirchen würde er verzichten. Nicht weil er etwas gegen sie hätte. Aber die Rivalität dieser Gruppen untereinander hätte ihm schon viele Probleme aufgeladen ...

Und ich meinte, Christen seien die positiven Elemente der Gesellschaft! An der Liebe als solche zu erkennen. Freundlich, geduldig, hilfsbereit, verlässlich ... Doch was geben wir für ein Zeugnis in unserer Umgebung ab?

Echte christliche Männer (und Frauen) bräuchte doch unsere Zeit! Persönlichkeiten, die sich den vielfältigen Herausforderungen souverän stellen. Männer, die in ihrem Glauben ein tragendes Fundament haben. Männer, die ein Ziel haben. Männer, die deshalb die Gegenwart positiv und aktiv gestalten können. Männer, die ein Vorbild für die Jugend und die Gesellschaft überhaupt sind. Männer, die begeistert sind von ihrem »Chef« im Himmel. Männer, die überzeugt sind von ihrer »Firma«, dem Reich Gottes. Männer, die ihre Verantwortung in dieser Welt wahrnehmen.

Alles nur fromme Wünsche? Idealvorstellungen? Ich hoffe nicht. Mein Glaube ist doch nicht bloß Theorie!

Auch vergangene Woche wurde ich auf meinen Glauben angesprochen. Männer, die realisierten, dass es in meinem Leben noch andere Werte gibt als Geld, Sex und Macht. Das gab gute, nächtliche Gespräche. Nicht, dass ich als Christ perfekt wäre. Im Gegenteil. Eine ganze »Mängelliste« könnte ich da auflisten. Aber mein Gott prägt und verändert mein Leben. Dies wird sichtbar. Und dass dies weiter geschehen darf, dafür bete ich. Man(n) möchte Gott doch Ehre bereiten!

WEIHNACHTEN I

Und so was nennt sich Weihnachten?

24. Dezember. Heiligabend. Komisch, dachte Otto Bolli. So heilig war der Tag bis dahin nicht. Und Abend war es eigentlich auch noch nicht. Erst 16 Uhr.

Trotzdem war es für den Gastwirt ein besonderer Tag. Nicht, dass der gut 40-Jährige eine ausgeprägt sentimentale Ader gehabt hätte. Nein, Heiligabend verlangte von ihm noch mehr Einsatz als sonst schon.

Die Gäste erwarteten an diesem Tag etwas Besonderes. Nicht bloß auf dem Teller. Nein, da galt es eine richtig schöne Weihnachtsfeier zu gestalten. Christbaum, Tischdekorationen, Musik, ja sogar eine Rede oder eine Geschichte wurde von seinen Stammgästen erwartet. So hatte er sie schließlich in den vergangenen Jahren auch daran gewöhnt. Und das musste nun einfach sein! Seine ganze Kreativität war gefragt. Alles musste vorbereitet sein. Es sollte wieder ein gelungener Weihnachtsabend werden!

...

Endlich! Das Programm stand. Die Küche war bereit. Renate, die Frau von Gastwirt Bolli, hatte mit den Kindern die Musikstücke geübt. Der Jüngste hatte den Job des Kerzenanzünders. Der Älteste sollte im Service mithelfen. Und der Dritte nach der Feier in der Küche als Casserollier mithelfen.

Der Abend war für die Gäste ein Erlebnis. Festlich, besinnlich, etwas emotional: eine komplette Weihnachtsfeier. Auch die Rede kam an. Hat auch aufgewühlt. »Könnte Jesus heute bei uns überhaupt noch zur Welt kommen, oder hätten wir die fremden Eltern nicht ausgeschafft? Oder hätten wir vielleicht geraten, das uneheliche Kind abzutreiben ...?«

...

Otto Bolli war zufrieden. Das haben wir wieder einmal wunderbar geschafft ... Doch unverhofft wurde er aus seiner Zufriedenheit herausgerissen. Daniel, das jüngste seiner Kinder, stand vor ihm. Ungeduldig und vorwurfsvoll meinte er, dass er nun genügend geschuftet habe. Er gehe jetzt nach Hause. Hier im Betrieb sei das doch keine Weihnacht. Und mit Tränen in den Augen fragte er: »Wann feiern wir denn richtig Weihnachten? Wir als Familie zusammen, mit einem guten Essen, einem Christbaum in der eigenen Stube und Geschenken?«

Das saß! Otto Bolli wurde sich wieder einmal bewusst, dass auch seine Familie ein Anrecht auf ihn, seine Kreativität, Aufmerksamkeit und Liebe hatte. Und dies erst recht an Weihnachten! Schneller als sonst schloss er an diesem Abend das Büro und stieg hinauf in seine Wohnung zu Frau und Kindern.

...

Es gab noch eine ganz passable Weihnachtsfeier. Zwar ohne Christbaum, was im kommenden Jahr aber nicht mehr vorkommen sollte ... Alle genossen das familiäre Zusammensein. Eine Rede wurde keine mehr gehalten. Doch wurden ein paar Weihnachtslieder gesungen, die Weihnachtsgeschichte aus dem Lukas-Evangelium gelesen, in einem schlichten Gebet dem Vater im Himmel für das Kommen des Heilandes, Jesus Christus, gedankt und dann natürlich Geschenke verteilt und ausgepackt. Blamiert hat sich dabei allerdings der gute Vater Bolli, der sich sonst so viel auf seine Kreativität einbildete. Da er das Geschenke kaufen völlig seiner Frau überlassen hatte, merkten die Kinder schnell, dass er keine Ahnung davon hatte, was sie bekommen sollten. Das war schon peinlich. Und sollte auch nicht mehr vorkommen ...

...

Später versprach er seiner Frau dann ernstlich, dass er ihr und den Kindern – bei allem Geschäft – künftig mehr schenken möchte an Zeit, Kreativität und Liebe. Für Renate war dieses Versprechen das größere Weihnachtsgeschenk als der Halsschmuck, den ihr Otto leicht verunsichert überreichte.

WEIHNACHTEN II

Und Frieden nicht nur den Christen!

Ich meinte, Weihnachten verstanden zu haben. Das Fest der Liebe. Freude, Geschenke, Harmonie, Gefühle. Gott wurde Mensch. Er schaffte Erlösung. Wirklich ein Freudenfest.

Und doch, so freudig waren nicht alle meine bisherigen Weihnachtserlebnisse. Einmal hatte ich als Kind nur ein Hemd bekommen. Kein Spielzeug, keine

Schokolade. Ein weißes Hemd für den Sonntag. Natürlich mussten wir zuhause eng durch. Neun Kinder mit einer kleinen Landwirtschaft durchzubringen war nicht einfach für meine Eltern. Trotzdem, an jenem Weihnachtsabend weinte ich, unbemerkt natürlich in meinem Bett. An das Kind in der Krippe dachte ich nicht mehr. Nur ein Hemd! Ein schlimmer Weihnachtstag.

Vor zwei Jahren brach ich mir bei einer eigentlich harmlosen Rauferei mit einem meiner Söhne einen Finger. Wohlverstanden am 24. Dezember, anlässlich unserer Familienweihnachtsfeier. Das war für mich kein Fest des Friedens, der Freude und Besinnung mehr. Die Schmerzen waren zu arg.

Den schlimmsten Weihnachtsabend aber habe ich wohl vergangenes Jahr erlebt. Ich schickte Frau und Kinder zu unserem (Groß-)Familienweihnachtsfest in die Deutschschweiz. Sie sollten wieder einmal daran teilnehmen können. Der Gästebetrieb ließ es die letzten Jahre nicht zu. Aber diesmal sollte ich es mit meinen Mitarbeitern alleine schaffen ...

Nicht bedacht hatte ich, dass an den Weihnachtstagen meine Gefühlswelt plötzlich anders tickt als sonst. An Weihnachten kann man(n) sich wirklich sehr einsam fühlen. Und dies, obwohl ich viele Gäste und auch Mitarbeiter um mich hatte. Aber dies war nicht das Schlimmste.

Im Hotel hatte ich neben den christlichen Gästen, die sich für unsere besinnlichen Weihnachtstage angemeldet hatten, ein gutes Dutzend junger Menschen aus Ex-Jugoslawien. Aufgestellte Leute, angenehm, auch korrekt, wenn man von der gelegentlichen Zigarette in unserm rauchfreien Haus absieht. Keine Christen, ihre Religion ist der Islam. Sie hatten über die Festtage ihre Pizzerias in der Region Zürich geschlossen und ausgerechnet unser christliches Hotel ausgewählt, um ein paar Tage Wintersport zu genießen. Super!, fand ich. Bis zu dem Moment, als Christen überstürzt abreisten mit der Bemerkung, dass sie die Festtage nicht mit Ungläubigen unter einem Dach verbringen möchten ...

Das tat weh. Nicht wegen dem finanziellen Verlust. Aber ich war schockiert, fühlte mich echt schlecht. Haben selbst wir Christen Weihnachten denn nicht begriffen? Die unendliche Liebe Gottes zu allen Menschen. Wollen wir denn nur berechnend die Vergebung in Jesus für uns persönlich? Uns überhaupt nicht mehr anstecken lassen von seiner Liebe, die doch nicht bloß uns gilt? Die einfachen Hirten, die sicher nicht alles begriffen hatten, was in jener Nacht abging, erzählten in ihrem Umfeld ohne Hemmungen, aber mit Begeisterung vom Kind in der Krippe. Und wir?

Ich wünsche mir für die kommenden Weihnachtstage auch dieses Gepacktsein von Gottes Liebe zu uns. Da kann man(n) auch mit Enttäuschungen (nur ein Hemd) und Verletzungen richtig umgehen. Und dass andere – und erst recht »Ungläubige« – in diesen Tagen durch mich etwas von dieser Liebe erfahren dürfen, dafür bete ich.

GEFÄHRLICHE ZEIT

Ein Mann kennt doch keine Angst!

Das ist sonnenklar: Ein Mann kennt keine Angst! Und wenn doch, dann zeigt man(n) sie nicht. Cool sehen wir den Herausforderungen des Alltags ins Auge. Probleme sind zum Lösen da. Angst nützt eh nichts, schadet höchstens dem Image und dem Selbstvertrauen. Nein, ein Mann kennt keine Angst!

Während ich diese Zeilen schreibe, regnet es draußen wie aus Kübeln. Die Straße im Saastal ist geschlossen. Lawinen, Steinschlag, Erdrutsche: Die Gefahr ist groß. Erinnerungen an die letzten Unwetterkatastrophen vor zwei Jahren werden wach. Und damit kommt auch die Angst. Ich komme mir vor wie in einer Mausefalle. Ich kann nicht raus. Ich kann den Regen nicht abschalten. Ich muss untätig warten und zusehen, was alles passiert. Ja, wenn man(n) wenigstens etwas tun könnte ... Warten, bis ich als Kadermitglied für den Zivilschutz aufgeboten werde. Hoffen, dass wie angekündigt endlich die Schneefallgrenze sinkt. Allein sitze ich im Büro des Hotels. Sonst ist keiner im Haus. Wir haben Betriebsferien. Ich verspüre einen beklemmenden, dumpfen Druck in der Brustgegend. Ich habe Angst.

Soll ich nun meine Kolumne für das CMA fertig schreiben? Der Abgabetermin ist schließlich abgelaufen. Oder gehe ich besser nach Hause, zur Familie? Man(n) sollte sie in solchen Situationen besser nicht alleine lassen. Sicher, man(n) kann beten. Ich weiß auch, dass Gott selbst in den beängstigsten Situation bei seinen Leuten ist. Selber habe ich das ja immer wieder erfahren. Ich staune, zu welchem Engagement ich gerade in den vergangenen Unwetterkatastrophen fähig wurde. Aber trotzdem: Ich kriege den Druck jetzt nicht weg. Der Mann am Bürotisch hat Angst. Das ist eigentlich auch ganz normal. Jesus sagte doch schon: »In der Welt habt ihr Angst ...« Und damit meinte er kaum bloß die Frauen und Kinder!

Warum versuchen wir Männer unsere Ängste oft zu verstecken, zu verdrängen? In dieser Disziplin sind wir alle wahre Weltmeister! Aber das hilft nicht weiter. Seien wir doch ehrlich! Ich habe Angst vor einem weiteren Unwetter. Angst auch vor meiner Zukunft, was die Gesundheit anbetrifft. Die Gelenkschmerzen erscheinen mir schon manchmal unerträglich. Angst davor, dass unser Betrieb nicht überlebt ... Ich kenne Ängste. Und ich will kein Tabu mehr daraus machen. Ich habe Angst!

Aber zwei Dinge helfen mir in dieser Situation. Erstens: Ich weiß, mein Gott ist dabei. Das tut gut. Das gibt Geborgenheit trotz Angst. Und zweitens: Auch wir Männer dürfen ehrlich über unsere Ängste reden. Das löst den Druck in der Herzgegend. Das wären übrigens hilfreiche, positive Männerfreundschaften (oder Stammtischgespräche), bei denen auch dieser ehrliche Austausch Platz hat.

Mir geht es übrigens wieder ein bisschen besser. Das Schreiben über die Angst hilft bereits ...

DER VERLETZLICHE MANN

Das lasse ich mir doch nicht bieten!

Alles habe ich gegeben. Für die Firma. Für die Gemeinde. Für die Öffentlichkeit. Meine ganze Kraft und Phantasie habe ich eingesetzt. Viel Zeit. Auch viel Geld. Ja, mein Leben, mindestens »die besten Jahre« davon. Und was habe ich geerntet? Kritik. Missgunst.

Schläge unter die Gürtellinie. Schlimmste Verleumdungen. Vor allem von denen natürlich, die selber nichts tun. Aus meiner Sicht natürlich. Enttäuschungen. Frust. Verletzungen: Darüber könnte ich so manches erzählen ...

Ich bin sicher, dass wir Männer viel dünnhäutiger und verletzlicher sind, als wir meinen und scheinen. Auf jeden Fall die meisten von uns. Auch wir können ganz schön beleidigt sein. Wenn man(n) übergangen wird. Wenn die erwartete Anerkennung ausbleibt. Wenn man(n) kritisiert wird. Man(n) ist beleidigt. Und das lässt man andere dann spüren. Mit guten Gründen natürlich. Wir spielen ja nicht einfach so die beleidigte Leberwurst! Man(n) ist ja vernünftig ... Es gilt, Zeichen zu setzen. So lassen wir doch nicht mit uns umspringen!

Da habe ich eben meine Frau wieder ein paar Stunden angeschwiegen. Sie soll ruhig spüren, dass sie mich sauer gemacht hat ... Natürlich war der Grund nur eine Kleinigkeit. Ein Missverständnis. Aber ich war beleidigt.

Tatsache ist, dass es Momente gibt, in denen auch ich richtig genug habe. Am liebsten alles hinschmeißen würde. Mich zurückziehen. Weglaufen. »Ihr könnt mich mal ...« »Das lasse ich mir doch nicht bieten!« »Nicht mit mir!«

Natürlich laufe ich dann nicht weg. Der «vernünftige» Mann kommt zum Glück immer wieder zur Vernunft. Und überhaupt, was würden die anderen denken? Die würden mich noch mehr zerfleischen. Meine Motive hinterfragen. Und wohin sollte ich überhaupt gehen? Ich würde mich, diesen dünnhäutigen Typ, ja mitnehmen. Das Problem wäre nur lokal verschoben. Da bleibe ich doch besser in meiner gewohnten Umgebung.

Ich bin verletzlicher, als ich scheine. Verletzlicher, als ich vielleicht zugebe. Aber dass ich mich als Christ und Mann – so dünnhäutig, wie ich bin – in Gottes Hand geborgen weiß, das tut gut. Vielleicht muss Gott auch schmunzeln, wenn dieser erwachsene Mann wieder einmal seine schwierigen Stunden hat und seine besondere Zuwendung braucht. Jedenfalls erlebe ich Gott als denjenigen, der immer wieder Freude schenkt, Liebe, Geduld, neue Motivation und Tatendrang. Ja, mit meinem Gott rede ich gerade auch in Augenblicken, in denen ich mich verletzt fühle. Ihm kann ich meinen Frust klagen. Und er versteht mich. Ja, er hält zu mir, auch wenn ich selber so schwierig bin.

DIE GRENZEN EINES MACHERS

Was kann ich denn schon?

Mein »Stammtisch«-Beitrag ist überfällig. Der Chefredaktor wartet wohl schon ungeduldig darauf. Eigentlich hätte ich sogar Zeit, um ihn zu schreiben. Ich sitze schließlich im Büro. Der Computer ist eingeschaltet.

Aber es ist mir nicht ums Schreiben. Einer meiner Mitarbeiter ist wieder abgestürzt. Drogen. Mit Mühe habe ich ihn eben ins Bett gebracht. Und nun wache ich und bete, dass er nicht abhaut, sich auch nichts antut. Jedes Geräusch im Haus schreckt mich auf. Alle 15 Minuten sehe ich nach, ob er noch da ist. Ich möchte unbedingt verhindern, dass er wieder in der Gasse landet. Ja, Reto ist mir ans Herz gewachsen. Ein feinfühliger, sympathischer, sehr begabter Mann. Und ich fühle mich verantwortlich für ihn. Mein ganzes Vertrauen habe ich ihm immer wieder geschenkt. Dummheiten, die er bei gelegentlichen Abstürzen machte, habe ich ihm gerne verziehen. Er ist ein sehr angenehmer Mitarbeiter und Freund. Kompetent, freundlich. Über Politik und Sport hatten wir großartige Diskussionen geführt. Interessante Gespräche hatten wir auch über Gott und die Bibel. Er wollte mit diesem Gott leben. Und doch ist er wieder abgestürzt. Gott habe ihn verlassen. Er helfe ihm nicht. Verzweiflung. Tränen. Scham. Ich versuchte ihn zu trösten, hielt ihn in den Armen. Betete still. Ich fühlte mich dabei völlig hilflos. Es tut weh, ihn so leiden zu sehen. Aber ich kann letztlich nicht helfen.

Und genau dies frustriert mich. Ich kann letztlich nichts tun. Dabei würde ich als Mann gerne handeln. Probleme sind da, um gelöst zu werden. Anpacken. Arbeiten. Verändern. Und nun werden mir meine Grenzen brutal aufgezeigt. Wachen, beten, hoffen, im Arm halten, mitleiden und weinen. Das ist alles, was ich im Moment tun kann. Nicht sehr »männlich«. Nicht imponierend, heldenhaft, bewundernswert.

Eben bin ich aus dem Krankenhaus zurückgekommen. Die Überdosis an eingenommenen Drogen ließ uns keine andere Wahl. War ich anfangs noch erleichtert, unsern Reto in ärztlicher Obhut zu wissen, bin ich nun wieder völlig frustriert. Reto hat sich gegen einen Entzug und für die Gasse entschieden. Ich bin in den letzten 48 Stunden wohl um Jahre gealtert. Mit Tränen in den Augen sind wir auseinander gegangen. Ich konnte ihn nicht zurückhalten. Es ist ein grausames Gefühl, nicht helfen zu können ...

Ich bin froh, dass ich Reto aber meinem Gott anbefehlen kann. Der ist schließlich nicht so hilflos wie ich. Ich darf ihm die Verantwortung für den extrem gefährdeten jungen Mann wirklich abgeben. Und ich bin auch froh, dass Reto weiß, dass wir ihn trotz allem sehr lieben und dass er zu jeder Zeit zu uns zurückkommen kann. Vergebung, Liebe, neue Chance – Gott gibt sie mir selber auch immer wieder.

Hilfe ist wirklich nur von Gott zu erwarten. Nicht wir Männer verändern Menschen und die Welt. Diese Illusion habe ich heute einmal mehr begraben. Aber mein Herr, der kann das. Und das ist gut so. Und ich will ihm vertrauen, dass er dies auch bei unserm Reto tut.

SCHWIERIGE SCHWEIGSAMKEIT

Aber sagen müsste man(n) es ...

»Reden ist Silber. Schweigen ist Gold.« Dieses Sprichwort gefällt mir. Es entspricht meiner Überzeugung. Kaum etwas ermüdet mich mehr als viele Worte. Sitzungen, bei denen viel geredet und nichts gesagt wird, halte ich fast nicht aus. Ich liebe die konzentrierte Sprache auf das Wesentliche. Oder mindestens auf das, was ich als wesentlich erachte. Ja, »Geschwätz« kann mich ganz schön nerven! Auch in christlichen Gemeinden. Ich bin überzeugt, dass unsere Welt und Zeit mehr Leute braucht, die anpacken und einige weniger, die bloß reden ...

Natürlich wurde ich diesbezüglich auch geprägt von meinem ersten Lehrmeister. Einer seiner Lieblingssätze lautete: »Solange man redet und fragt, kann man sich vor der Arbeit drücken.« Gerne zitiere ich auch Schiller, der in seinem »Wilhelm Tell« ausrief: »Der Worte sind genug gewechselt, lasst uns nun endlich Taten sehen!«

Was Leute doch ständig erzählen, kommentieren, reden müssen. Unglaublich! Was ich gestern wohlüberlegt erklärt, informiert und gesagt habe, gilt für mich. Darüber möchte ich heute keine Worte mehr verlieren. Für mich wird eigentlich viel zu viel geredet. Oder besser gesagt: Es werden zu viele Worte gesprochen. Ich genieße meine einsamen Autofahrten, bei denen ich mit mir und meinen Gedanken alleine bin. Hier berichtet keiner ausführlich über Dinge, die ich schließlich selbst kenne und weiß, die klar sind oder die ich als nicht relevant empfinde. So ganz nach Kästner: »Onkel Theodor berichtet, was er alles sieht und sichtet. Doch man sieht's auch ohne ihn ...«

Nur, was ist eigentlich relevant? Das, was ich für wichtig erachte? Worüber lohnt es sich denn zu reden? Klar, über das, was mich interessiert: Politik, Wallis,

Kultur, Reben. Eigentlich fast anmaßend. Vielleicht auch arrogant. Ich nehme mich zum Maßstab und meine, sagen zu müssen, wie viel und was geredet werden soll ...

Vielleicht bin ich manchmal auch nur zu faul, um andern wirklich zuzuhören. Oder der andere interessiert mich nicht. Vielleicht möchte ich bloß nicht gestört werden. Nein, so großartig bin ich auch wieder nicht! Eigentlich weiß ich es. Ich müsste mehr reden. Auch mit meiner Frau. Meine selbstverständlichen und logischen Erwartungen und Überlegungen müsste ich halt immer wieder formulieren. Sonst brauche ich nicht überrascht zu sein, wenn sie nicht ankommen. Ja, sagen müsste man(n) es! Ich sollte zumindest beim Reden nicht sparen ...

Als Christ kann ich mich übrigens kaum mit Schweigen profilieren. Ausgelebte Liebe enthält im Gegenteil auch das Reden. Da will ich dranbleiben.

DER LEICHT EITLE MANN

Grau sind ja nur die Schläfen ...!

Ein Gast reist an. Eigentlich nichts Außergewöhnliches. Für ein Hotel doch völlig normal und absolut notwendig. Man lebt ja schließlich davon. Nur, der

Gast kommt, um den Autor des CMA-»Stammtisches« kennen zu lernen. Die Texte haben ihn total angesprochen, völlig fasziniert. Und jetzt möchte er den Schreiber mal leibhaftig sehen. Irgendwie ist mir das peinlich, obwohl es nicht etwa zum ersten Mal vorkommt. Im Gegenteil, das passiert immer wieder. Aber ich komme mir dabei jeweils vor wie im Zoo, im Affenhaus. Man möchte mich mal sehen ... Das gehört wohl einfach dazu, wenn man sich aktiv in der Öffentlichkeit bewegt.

»So grau habe ich mir Sie nicht vorgestellt! Sie schreiben doch viel jugendlicher, aufgeschlossen, zeitgemäß.« Das war eine Begrüßung! Natürlich hätte ich mich über das Lob freuen können. Ich schreibe gut, jugendlich, zeitgemäß aktuell, faszinierend ... Aber: »So grau habe ich mir Sie nicht vorgestellt.«

Das saß. Das tat weh. Ich bin alt. Ich gehöre zum alten Eisen. Grau, nicht mehr attraktiv, nicht mehr dynamisch. So kam dies wenigstens bei mir an. Dabei hab ich wenigstens noch Haare. Echte dazu. Und überhaupt: Grau sind nur die Schläfen und der Bart!

Nein, ich bin nicht eitel. Manche Frauen sind dies vielleicht. Lassen sich jedes graue Haar unverzüglich färben. So etwas würde ich nie tun! Die grauen Schläfen zeigen doch etwas von Lebenserfahrung und Weisheit. Das ist auch etwas! Und überhaupt: Es gibt eine innere Schönheit ... Doch, was muss ich mich eigentlich rechtfertigen?

Ich bin halt wirklich nicht mehr zwanzig. Bart und Schläfen sind nun mal grau. Das ist einfach so. Besser graue Haare als gar keine, meinte ich bisher. Aber sind wir Männer nicht doch etwas eitler, als wir zugeben? Man(n) möchte attraktiv und dynamisch aussehen und wirken. Und das scheint mir bei vollem, dunklem Haar wohl besser möglich.

Und doch, so wichtig sind die Haare auch wieder nicht. Jener Politiker hat dies – wenn auch etwas derb – auf den Punkt gebracht, wenn er sagte: »Wenn der Kopf ab ist, weint man den Haaren nicht nach!« Ermutigender ist allerdings Gottes Zusage, dass ich mit meiner abnehmenden und grauer werdenden Haarpracht bei ihm geborgen sein kann. Ich bin ihm auch mit grauen Haaren nicht egal, sondern wertvoll. Das zeigt sich darin, dass er die genaue Zahl sogar kennt: »Selbst die Haare auf eurem Kopf sind alle gezählt ...« (Lukas 12,7)

HERAUSFORDERUNGEN DES ALLTAGS

Die Sache mit dem Verdrängen und Verschieben

»Ich bewundere dich, deine Arbeit und deine Kolumnen! Du bist ein Supertyp!« Dieses Kompliment eines Gastes tat gut. Mein vielseitiger Job verlangt mir schließlich alles ab. Da sind solche Bestätigungen einfach motivierend. Eigentlich könnte ich selber ja auch ganz zufrieden sein mit mir. Ich stehe mit beiden Beinen auf dem Boden. Ich liebe Herausforderungen. Scheue keine Arbeit. Probleme versuche ich möglichst schnell zu lösen. Ich bin kreativ, vielseitig. Kann auch vieles parallel erledigen. Politisch interessiert, kulturell etwas gebildet, ein Christ mit fundierter Bibelkenntnis. Dazu habe ich eine soziale Ader. Engagiere mich gerne und ziemlich erfolgreich in der Gesellschaft ... Ist doch gut. Ein Supermann!

Allerdings, meine Frau und meine Teenager finden dies nicht unbedingt. Und was noch schlimmer ist: Ich selber auch nicht. Dieser Beitrag fürs CMA hätte vor Tagen schon auf der Redaktion sein müssen. Aber ich bringe es fertig, den Abgabetermin zu verdrängen. Ich habe schließlich so viel um die Ohren: Open air, Gemeinde, Supereinsatz mit Konfirmanden in unseren Bächen und auf unseren Wegen. Und da wird dieser Termin einfach weggeschoben.

Aber auch familiäre Verpflichtungen gehen unter. Selbst Arzttermine. Nein, vergesslich bin ich eigentlich nicht. Nur gibt es ständig Aktuelles, das Wichtiges zudeckt. Vielleicht suche ich auch ständig neue Herausforderungen, damit ich mich den schwierigen, alltäglichen Herausforderungen nicht stellen muss. Ich verdränge. Die Predigtmanuskripte drucke ich in Großschrift aus, weil ich sie sonst nicht mehr lesen kann. Aber zum Augenarzt würde ich nicht gehen. Und dass ich mich in diesen Tagen vor Schmerzen kaum mehr auf den Beinen halten kann, hindert mich nicht, in den Bergen herum zu kraxeln – wenn auch mit Stöcken. Der alte Talweg muss schließlich wieder begehbar werden. Ich verdränge selbst meine Behinderung ...

Eigentlich bin ich ein hoffnungsloser Fall. Ich könnte meine Grenzen schließlich akzeptieren. In christlicher Gelassenheit könnte man(n) doch durchs Leben gehen. Sich sauber abgrenzen. Konsequent und termingerecht erledigen, was dran ist. Sicher, manche Mitmenschen wären dankbar dafür. Mein Chefredaktor wäre weniger gestresst. Aber möchte ich dies überhaupt? Ich bin eine einmalige Persönlichkeit. Ich bin dankbar für die Gaben und die Kreativität, die mir Gott geschenkt hat. Darum möchte ich dieser einzigartige Typ mit den unkonventionellen Ideen und dem sozialen Herzen bleiben. Aber das mit dem Verdrängen möchte ich wirklich angehen.

Ich bin froh, dass Gott mich, diesen verrückten Kerl, liebt. Dass es für ihn keine hoffnungslosen Fälle gibt. Ich bin auch froh, dass er mir hilft, mein Leben immer mehr so zu gestalten, dass ich mich und andere nicht unnötig strapazieren muss.

IMMER GUTE RATSCHLÄGE

Sie wissen einfach alles besser

Ob mich denn nie etwas nerve, wurde ich anlässlich einer sehr hitzig geführten Sitzung gefragt. Es ging um den kränkelnden Lebensnerv Tourismus im Saastal. Ich versuchte dabei ruhig Blut zu bewahren, die Sitzung kompetent und zielgerichtet zu leiten. Trotz aller angestauten Emotionen. Ja, eigentlich bin ich ein geduldiger Mensch. In der Familie zwar etwas weniger. Aber immerhin.

Allerdings gibt es schon Dinge, die mir gehörig auf den Geist gehen. Wenn es zum Beispiel überall regnet, bloß in meinem Rebberg nicht. Oder wenn unsere Autos – zwar alle mit über 200'000 Kilometern auf dem Buckel – nicht mehr anspringen. Das kann mich schon nerven. Auch Menschen! Und da haben es mir die ewigen Besserwisser besonders angetan. Leute, die immer wissen, was man wie tun müsste. Leute, die kein Bett vermieten, aber zu wissen meinen, wie man den Tourismus wieder auf Vordermann bringen könnte. Christen, die in keiner Gemeinde Verantwortung übernehmen, aber genau wissen, wie der Karren laufen sollte, was der Pastor zu tun hätte. Ledige, die keine Ahnung von rebellischen Teenagern haben, aber genau wissen, wie Kinder zu erziehen wären. Menschen, die genau zu wissen meinen, was man(n) tun müsste und dabei immer an andere denken.

Ja, diese Besserwisser! Tipps abgeben, Forderungen stellen. Auf alle Fragen Antwort geben. Ständig Lösungen präsentieren. Und dabei meistens keine Ahnung haben. Das nervt. Kürzlich wurde ich Zeuge, wie ein stolzer Besitzer eines selbstfahrenden Rasenmähers wild gestikulierend einem Traxführer mit 40 Jahren Berufserfahrung beibringen wollte, wie der seine Maschine zu bedienen hätte. Völlig entnervt stieg der Traxführer aus seiner Kabine. Schnaubend machte er sich zu Fuß aus dem Staub, ließ die Maschine und den verdutzten Besserwisser einfach im Garten stehen.

Genau so läuft es doch oft ab. Dadurch, dass man eine Sache nicht umfassend kennt und versteht, gibt es sofort eine Menge Ratschläge. Man weiß, was zu tun wäre. Vielleicht hatte jener Denker recht, der sagte: »Wer immer auf alles eine Antwort hat, ist sicher zu faul, um sich gründlich in eine Materie hineinzuarbeiten.«

An der Stelle verletzen wir einander sicherlich oft. Wenn ich da an manche Ratschläge, ja sogar Bibelworte denke, die mir bei Krankenhausaufenthalten um die Ohren geschlagen wurden! Einer, der selber Schmerzen kennt, geht behutsamer mit Ratschlägen an Kranke um.

Diese nervigen Besserwisser! Dummerweise gehöre ich auch dazu. Ich weiß, was gut ist für meine Frau. Ich habe klare Lösungen, damit es den Kindern schulisch noch besser geht und sie mit dem Taschengeld besser zurecht kommen könnten. Aber kenne ich wirklich die Bedürfnisse meiner Frau? Weiß ich, was in meinen Teenagern wirklich abläuft? Da möchte ich dranbleiben. Andere mit meiner Besserwisserei nicht strapazieren.

Übrigens, die Besserwissermentalität wird selbst bei Gebeten sichtbar. Da sagt man Gott, was er wann und wie zu erledigen habe. Als ob er uns als Berater bräuchte, damit er weiß, was richtig sei. Froh bin ich allerdings schon, dass er uns Besserwisser nicht einfach stehen lässt und wutentbrannt davon läuft ...

FAMILIENFEST

Wenn du noch eine Mutter hast ...

Ein Familienfest ist angesagt. Ein besonderes sogar. Unsere Mutter wurde achtzig. Da kann man nicht kneifen, keine Arbeit vorschieben! Auch wenn ich kein Freund von Familienfesten bin, da muss ich hin. Da reist man mitsamt der Jungmannschaft vom Saastal bis ins schaffhausische Klettgau. Und dies sogar in der Hochsaison unseres Hotelbetriebes ... Aber gewisse Verpflichtungen gibt es halt.

Es war ein intensiver Tag. Manche meiner Geschwister – wir sind neun Kinder – habe ich seit Jahren nicht mehr gesehen. Und deren Kinder mit Kindeskindern erst recht nicht. Da gab es schon manches zu berichten!

Beschäftigt hat mich aber vor allem die Jubilarin. Meine Mutter. Eine stille, intelligente Frau. Gezeichnet von einem harten Leben: neun Kinder, Haushalt, Landwirtschaft, gesundheitliche Probleme. Und dies in keiner einfachen Zeit. Bewundert habe ich immer ihre Lebensbejahung, ihre Zufriedenheit, auch da, wo manche ihrer persönlichen Interessen auf der Strecke blieben. Geschätzt habe ich auch ihr Vertrauen zu uns Kindern. Ich erlebte viel Freiraum. Nie hat sie sich in meine Angelegenheiten eingemischt. Nie gab sie ungefragt Tipps ab. Aber mit ihrer Unterstützung konnte ich immer rechnen. Selbst wenn ich heute noch zu Sitzungen in der Deutschschweiz weile – bei meinen Eltern kann ich einfach absteigen. Und wenn ich an ihr vorbildlich gelebtes Christsein denke, welches mich sehr nachhaltig geprägt hat ... Ich liebe meine Mutter, bewundere sie und bin dankbar für sie.

Warum ich dies alles schreibe? Weil ich es ihr kaum je gesagt habe. Da tue ich mich schwer. Da fehlen sogar mir oft die Worte. Und ich habe gemerkt, dass ich in dieser Beziehung nicht alleine bin. Man(n) hat das Problem einfach. Sicher, am Muttertag bringen wir schon Blumen nach Hause. Aber können wir unsere Dankbarkeit auch mit Worten formulieren?

An dem Punkt muss ich dran bleiben. Nicht bloß bei den Eltern. Auch bei meiner Frau, den Kindern, Freunden und Gemeindegliedern. Blumen, Anerkennung und Dankesreden gehören nicht erst ans Grab! Sie sind heute wichtig.

Kommunikation ist notwendig. Das wissen wir. Damit ist allerdings nicht gemeint, dass man(n) nur berichtet, was man beruflich erreicht hat, wie es mit dem Hauskauf steht, wohin es in Urlaub ging, wie das Wetter sich entwickelt und wie es mit den Schulnoten der Kinder steht. Reden wir auch über unsere Empfindungen: Dankbarkeit, Ängste, Freuden! Oder schämen wir uns, dass man(n) auch ein »emotionales Wesen« ist?

Übrigens, dass Jesus seine Emotionen nicht versteckte, macht mir Mut, sie auch zeigen zu lernen.

MANN IM DILEMMA

Gesünder leben sollte man ...

Was ich für meine Gesundheit tue, wurde ich kürzlich gefragt. »Blöde Frage!«, dachte ich.

Ein wunder Punkt. Für die Gesundheit tue ich (fast) nichts. Dagegen eher mehr. Ich treibe keinen Sport.

Schlafe zu wenig. Arbeite zuviel. Esse gerne ungesund. Genieße meine Zigarren ...

Sicher, manchmal wandere ich mit den Gästen durchs herrliche Saastal. Und auch im Rebberg kann ich mich körperlich etwas betätigen. Oder bei unsern Einsätzen im Tal, beim Unterhalt von Wanderwegen etc. Aber insgesamt tue ich sehr wenig für die Gesundheit.

Meine schwerwiegende Gelenkerkrankung lässt aber auch keinen Sport zu. Schmerzen hindern mich. Allerdings könnte ich mir auch nicht vorstellen, dass ich – wenn dies nicht so wäre – freiwillig über einen Fitnessparcour hetzen würde. Auch stundenlang mich auf dem Fahrrad abstrampeln wäre nicht mein Ding. Überhaupt sind mir manche Gesundheitsfanatiker unheimlich. Sich zu quälen und dann meinen, etwas für die Gesundheit getan zu haben ... Solche Anstrengungen können mir gestohlen bleiben!

Positiv berührt hat mich diesbezüglich natürlich das Ergebnis jener Studie, die zum Schluss kam, dass «Genießer» älter werden als »Körnlipicker«. Fanatisch gesund leben zu wollen ist halt alles andere als gesund!

Wir lügen uns manchmal schon in die eigene Tasche in Sachen Gesundheit. Da wurde ich Zeuge, wie ein Gast am Telefon unser vielfältiges, gesundes Salatbuffet rühmte. Dabei bediente er sich jeweils bloß mit Thun- und Wurst-/Käsesalat, gut garniert mit einer kräftigen Frenchsauce. Man(n) bringt es immer wieder fertig, das eigene Verhalten als schon recht hinzustellen ...

Zugegeben: Ich bin zu dick. Ich sollte abnehmen. Schon wegen dem zu hohen Blutdruck. Und für meine Gelenke wäre es sicher auch besser. Für November, wenn der Stress in unserm Gästebetrieb zu Ende ist, habe ich mir einiges vorgenommen. Mehr schlafen, mehr Bewegung, regelmäßiger Schwimmbad- und Saunabesuch, keinen Gang mehr zum Kühlschrank nach 20 Uhr. Sorgen braucht sich allerdings niemand zu machen: Gesundheitsfanatiker werde ich nicht! Da kenne ich mich gut genug ...

Sicher, als Christen sollten wir auch verantwortungsvoll mit unserm Körper umgehen. Dies ist aber gar nicht so einfach. Schließlich hat man(n) auch noch andere Verantwortungsbereiche: Beruf, Familie, Gemeinde, Menschen um sich herum, Gesellschaft etc. Ich habe die Illusion längst verloren, alles richtig machen zu können. Aber weil ich mich von Christus angenommen, geliebt und unterstützt weiß, versuche ich immer wieder, mit seiner Hilfe mein Leben zu gestalten. So gesund es eben in einem ziemlich ungesunden Alltag geht!

SICHERE FAHRT

Lass mich endlich ans Steuer!

Man(n) liebt das Autofahren. Ich auch. Da fühlt man(n) sich frei, wohl und stark. Bei so viel PS unter dem Hintern ist dies nicht verwunderlich. Auch ich fahre gerne Auto. Gut 40'000 Kilometer im Jahr. Und die meisten davon genieße ich allein. Sicher, ich bin auch gerne mit meiner Frau unterwegs. Aber das ist halt so eine Sache! Dass meine Frau etwas mehr redet als ich, stört mich normalerweise nicht. Beim Autofahren aber schon. Vor allem, wenn sie mich, den Lenker, auf Dinge aufmerksam macht, die ich selber sehe. Dabei habe ich ihr vor gut 20 Jahren doch das Autofahren beigebracht. Natürlich, nach einigen Auseinandersetzungen hat sich manches gebessert. Aber trotzdem, einfach ist es nicht.

Ohne weiteres könnte ich mich auch auf den Beifahrersitz setzen. Meine Frau lenken lassen. Das mache ich aber sehr ungern. Da fühle ich mich nicht wohl. Das braucht Nerven. Nicht weil meine Frau schlecht fährt. Im Gegenteil. Sie ist wohl die beste Autofahrerin, die ich kenne. Aber auf dem Beifahrersitz fühle ich mich so ausgeliefert. Mit Gurten festgebunden, sehe ich, was passiert, kann aber nichts tun. Das halte ich fast nicht aus.

Damit stehe ich allerdings nicht alleine da. Den meisten Männern geht es offenbar genau so. Das Auto sei die letzte Bastion, welche die Männer gegenüber den Frauen noch verteidigen können. Das hat ein Wissenschaftler festgestellt. Zugegeben, in der Boulevardzeitung «Blick». Aber immerhin. Frauen seien nur dann als Lenker erwünscht, wenn der Mann wegen dem Glas zuviel nicht mehr fahren sollte, meinte besagter Fachmann weiter. Obwohl viele Männer davon überzeugt seien, dass sie auch dann den Wagen noch besser beherrschen würden ... Aber das ist ein anderes Thema.

Müssen wir Männer denn immer alles im Griff haben? Meinen wir wirklich, dass im Straßenverkehr das Chaos ausbrechen könnte, wenn die Männer auf dem

Beifahrersitz Platz nehmen würden? Polizeistatistiken verneinen das. Es gäbe viel weniger Unfälle ...

Übrigens, der beste Lenker ist doch Gott! Unser guter Hirte. Der großartige Guide unseres Lebens. Der macht alles richtig. Er hat den Überblick. Er führt uns kompetent und sicher ans Ziel. Ihm können wir uns in allen Lebensbelangen blind anvertrauen. Und doch stelle ich immer wieder fest, wie ich ihm dreinrede, in gewissen Momenten auch ins Lenkrad greifen möchte. Als ob ich es besser wüsste ...

Ich bin gespannt, ob meine nächsten Autofahrten mit meiner Frau am Steuer entspannter ausfallen werden. Ich werde mir Mühe geben. Gelassener werden möchte ich aber vor allem auch in schwierigen Lebenslagen. Ich weiß doch, mein Herr hat's im Griff!

(SELBST-)TÄUSCHUNGEN

Absolut cool ist der Mann!

Wir Männer sind cool. So schnell wirft uns nichts aus der Bahn. Gelassen meistern wir selbst die schwierigsten Situationen. Tun wenigstens so. Lassen uns mindestens nichts anderes anmerken. In unserem Repertoire gibt es viele coole Sprüche: »Was mich nicht tötet, macht mich stärker!« »Unkraut verdirbt nicht!» »Ich liebe Herausforderungen!«. Da ließe sich ein dickes Buch schreiben zum Thema »Coole Sprüche von weniger coolen Männern« oder so ...

Ein Freund von mir wurde arbeitslos. Plötzlich. Nach zehn Jahren in der gleichen Firma. Abbau beim Kader. Strukturbereinigung. Und ihn hat's getroffen. Ganz cool hat er davon berichtet. Jetzt habe er endlich Zeit für seine Hobbys. Und wie froh er sei, auch einmal von dem vielen Arbeitslosengeld zu profitieren, welches er im Verlauf der Jahre einbezahlt habe ... »Jetzt habe ich endlich mehr Zeit für die Familie!« Erst später am Abend erzählte er von schlaflosen Nächten, von frustrierenden Vorstellungsgesprächen, von den Sorgen wegen der Ausbildung der Kinder, vom gestrichenen Winterurlaub, den wüsten Auseinandersetzungen mit seiner Frau wegen dem fehlenden Geld, von der Angst vor der Zukunft, den gelegentlichen Selbstmordabsichten.

Warum spielen wir so auf cool? Ist es der Versuch, der Wahrheit nicht ins Auge schauen zu müssen? Die männliche Art, Probleme zu verdrängen, sich und die Familie schützen zu wollen?

Mir wurde eben die Wohnung gekündigt. »Eigenbedarf«, hieß die Begründung. Unsere schöne, gemütliche, große Wohnung. Wir müssen raus. Ich weiß, dass es fast unmöglich ist, in unserm Dorf etwas Gleichwertiges zu finden. Aber was sagt der Mann, wenn er darauf angesprochen wird? »Im Notfall ziehen wir ins Tipi, welches wir für den ›Schneetubingpark‹ neben dem Hotel aufgestellt haben. Das Indianerzelt hat einen Durchmesser von acht Metern, hat ein offenes Feuer ...« Cool! Ich rede selbstverständlich nicht davon, dass ich mir ernsthafte Sorgen mache. Dass es mir vor einem Umzug graut. Dass ich intensiv, aber bisher erfolglos auf der Suche nach einer neuen Bleibe bin. Dass bisher auch alles Beten nichts half. Nein, cool sagt der Mann: »Im Notfall ziehen wir ins Tipi!«

Sicher, manchmal ist es gut, wenn wir Männer nicht gleich auf Panik machen. Ruhig Blut bewahren. Den Humor nicht verlieren. Doch wünschte ich mir an der Stelle etwas mehr Ehrlichkeit. Uns selber gegenüber, Mitmenschen gegenüber. Und Gott gegenüber. Dazu wünschte ich mir natürlich immer wieder das Vertrauen, dass wir mit Gottes Hilfe schwierige Situationen auch wirklich meistern können.

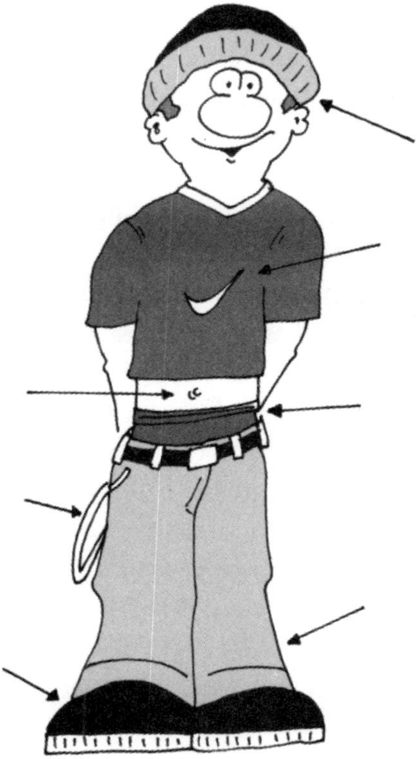

Erkennungsmerkmale
eines Teenies

JUNG UND ALT

Warum müssen uns Teenager so nerven?

»Wie kommst du bloß mit diesen Teenagern zurecht?«, werde ich erstaunt gefragt. Ein Gast wundert sich über die jugendliche Atmosphäre in unserem Gästebetrieb.

Nicht bloß meine drei Jungs im Alter von 16 bis 20 Jahren beleben unser Hotel. Junge Praktikantinnen und Aushilfen sind auch mit dabei. Teenager fallen auf. Ihre Musik. Ihr Gekicher. Ihre Kleidung. Ihr Provozieren. Ihr Drang nach Freiheit und Auflehnung. Ihre Suche nach der eigenen Identität. Die Jugend bringt auf jeden Fall Leben in die Bude.

Eigentlich komme ich wirklich gut zurecht mit ihnen. Die sagen wenigstens, was sie denken und wollen! Doch manchmal können sie auch ganz schön nerven! Das andauernde SMS-Theater. Die überlaute Musik. Ihr Leben auf Pump. Ihre fürchterlich tief getragenen Hosen. Um nur einiges zu nennen. Aufgefallen ist mir, dass ich mich meist über Nebensächlichkeiten aufrege. Die knallig gelben Markenschuhe, die langen Haare und die Tag und Nacht getragene gelbe Mütze unseres Jüngsten zum Beispiel. Wirklich Nebensächlichkeiten ...

Kürzlich wurde ich Zeuge, wie einer unserer (frommen) Gäste eine 17-jährige Mitarbeiterin kritisierte, weil sie im Service ein für ihn zu kurzes T-Shirt trug. Das machte mich wütend. Kein Dank für die freundliche und sehr kompetente Bedienung. Nur eine zerstörende Kritik. Im Wissen darüber, was die Erwachsenenwelt dieser Frau eh schon alles angetan hat, musste ich mich echt zurückhalten. Nein, nicht nur Teenager nerven. Erwachsene tun es manchmal noch mehr!

Ich möchte es immer mehr lernen, mich weniger von Äußerlichkeiten der Jugend nerven zu lassen. Ihr Umfeld möchte ich aber verändern helfen, damit sie ihren Weg machen können. Ich will mich nicht mehr über lange Haare nerven, sondern darüber, dass es in unserer Gesellschaft möglich ist, dass junge Leute trotz allen Anstrengungen keine Lehrstelle finden. Ich will nicht mehr über die kiffende Jugend schimpfen. Das Problem ist doch eine Erwachsenenwelt, in der nicht viele Vorbilder zu finden sind. Und deren Ziele zu Recht nicht unbedingt als erstrebenswert empfunden werden.

Ich wünschte mir, dass ich für meine Teenager jemand sein kann, der sie ernst nimmt, so wie sie sind. Ich möchte mithelfen, Rahmenbedingungen zu schaffen, in denen sie sich entfalten können. Ich möchte ihnen Mut machen, das »Abenteuer Leben« mit Gottes Hilfe zu wagen. Es ist mein Gebet, dass ich ihnen als Christ eine Hilfe und kein Hindernis bin.

AUSBRUCHVERSUCHE I

Ins nächste Flugzeug nach New York …

Ich habe eine flotte Familie. Einen abwechslungsreichen Job, in den ich meine ganze Kreativität und Schaffenskraft hineingeben kann. Hotelier, Pastor, Journalist, Hobbywinzer. Auch meine soziale Ader kann ich fast uneingeschränkt ausleben. Jugendlichen aus der Schattenseite unserer Gesellschaft kann ich neue Perspektiven vermitteln. Sogar verrückte Projekte kann ich verwirklichen: Wanderwege, Brückenbau, Open air. Und wenn ich da noch an die Tubanlage (professionelles Schneerutschen auf Gummireifen inklusive Lift) hinter dem Hotel denke ... Auch mit der Gemeinde bin ich zufrieden. Ich schätze die Mitglieder unserer kleinen Gemeinde sehr. Und meine Wahlheimat, das Wallis, ist phänomenal.

Ich müsste der glücklichste Mensch sein ... Auch wenn ich ständig mit gesundheitlichen Problemen zu kämpfen habe. Trotzdem müsste ich mehr als bloß zufrieden sein.

Das bin ich aber nicht. Wenigstens nicht immer. Ich kenne Augenblicke, in denen ich am liebsten auf und davon ginge. Ausbrechen. Weg aus der Verantwortung. Alltagssorgen, schwierige Menschen, Spießigkeit, Stress – alles hinter mir lassen. Frei sein. Ab nach New York. Oder in den Busch nach Afrika. Hauptsache weg.

Ich habe übrigens gemerkt, dass ich mit dem gelegentlichen Wunsch, auszubrechen, nicht alleine bin. Manchen Männern in meinem Alter geht es ähnlich. Das Leben, Ehe, Familie, Beruf, Gemeinde – das alles wird oft als Korsett empfunden. Man(n) hält es nicht mehr aus. Man(n) möchte wieder atmen. Unbeschwert träumen, etwas spinnen ...

Ich war übrigens noch nie in New York. Auch in Afrika war ich noch nie. Wenn es bei mir wieder soweit ist, setze ich mich ins Auto. Ab in meinen einsamen Rebberg. Betrieb, Gäste, Mitarbeiter, Frau und Kinder, Gemeinde, gesellschaftliche Verpflichtungen – sie sind weit weg. Ich bin frei. Wenigstens für kurze Zeit. Ich kann die Natur genießen, mich selber spüren, mich manuell betätigen. Träumen. Beten. Und dann in der Stille doch wieder kreativ an meine vielfältigen Aufgaben denken.

Und so kehre ich dann neu motiviert in mein geliebtes Saastal zurück. Zurück zur Familie, in den Job, zu den Feriengästen, in alle meine Verpflichtungen. Ja, solche »Ausbruchversuche« tun mir und meiner Umgebung ganz gut. Sie sind also zu empfehlen. Sicher, es gibt auch andere Orte als ein Rebberg. Ein Motorrad. Eine Alphütte. Eine Wanderung. Ein Saunabesuch. Man(n) braucht diese Ausbrüche, damit er wieder zur Ruhe, zur Ausgeglichenheit kommt. Man(n) braucht sie, damit er nicht doch plötzlich das nächste Flugzeug nach New York besteigt ...

Dass Gott mir übrigens diese kreativen Erholungsphasen schenkt, finde ich super. Dass ich gerade auch dann seine Nähe immer wieder erleben darf und neue Kraft bekomme, macht mich dankbar.

AUSBRUCHVERSUCHE II

Wie dankt man(n) bloß für »viele Juwelen«?

Muttertag. Bald ist es wieder soweit. Muttertag, zugegeben, ich tue mich schwer damit. Meine Erfindung ist er jedenfalls nicht. Der Tag, an dem die Männerwelt das Frühstück zubereiten sollte. An dem man(n) die Ehefrau und Mutter auf Händen tragen, verwöhnen und beschenken sollte. An dem man(n) mit Blumen des aufopfernden Engagements der Mütter gedenken müsste. Damit man(n) dann ruhigen Gewissens wieder ein Jahr lang alle Dienstleistungen der Mütter in Anspruch nehmen kann. Irgendwie suspekt. Nein, ich tue mich schwer mit dem Muttertag!

Nicht, dass ich nicht dankbar wäre für das, was unsere Frauen und Mütter leisten. Meinen vielfältigen Job könnte ich ohne meine Frau jedenfalls glatt vergessen. Ihr Engagement in Gemeinde, Gästebetrieb und auch in Haushalt und Familie ist großartig. Unseren bevorstehenden Umzug hat sie schon bestens vorbereitet: Ramsch entsorgt, Kisten gepackt, selbst die vielen Bücher meines Büros sind transportbereit ... Da kriege ich schon fast ein schlechtes Gewissen.

Ich habe allen Grund, meiner Frau zu danken. Das weiß ich gut genug. Doch ob der Muttertag dafür die richtige Gelegenheit ist? Ich halte mich für etwas kreativer und phantasievoller. Der Dank sollte öfters, spontan, etwas verrückt und mindestens überraschend sein. Ein spontanes Wochenende in Paris. Ein Theaterabend in Venedig. Ein Shoppingtag mit meiner Kreditkarte in Lausanne. Eine Halskette, überreicht nach einem gediegenen Nachtessen bei romantischem Kerzenlicht ... Ideen habe ich schon. Nur, kaum etwas habe ich in den vergangenen Jahren getan. Ich weiß nicht einmal mehr, wann ich meiner Frau das letzte Mal Blumen heimgebracht habe. Das müssen wohl Monate her sein ...

Vielleicht ist der Muttertag doch keine so schlechte Einrichtung. Er könnte verhindern helfen, dass man(n) sich einfach so an die Liebe und das Engagement der Frauen und Mütter gewöhnt. Und Anstoß geben zu kreativer Dankbarkeit, die über diesen Tag hinaus geht. Paris habe ich mir jedenfalls fest vorgenommen ... Ja, ich möchte dranbleiben, denn auch unsere Ehe kennt den Trott der Gewöhnung.

Übrigens, ich bin auch Gott sehr dankbar für meine Frau. Denn sie ist »wertvoller als viele Juwelen« (Sprüche 31,10).

REICHTUM

Herz, was willst du mehr ...!?

Ich bin so reich. Unglaublich, was ich so alles besitze! Möbel, Bücher, Sportgeräte. Auch Kunstgegenstände wie alte Stiche, Pergamente, ja sogar Öllampen aus dem 4. Jahrhundert nach Christus. Und wenn ich an mein Büro denke, an die EDV-Anlage und die vielen theologischen Nachschlagewerke. Ich bin so reich. So reich, dass es mich beinahe erschlagen hätte. Wir mussten nämlich umziehen. Unsere Mietwohnung wurde verkauft. Eigenbedarf war angemeldet. Die neue Wohnung ist auch schön. Sie liegt im 4. Stock.

62 Stufen über der Erdoberfläche! Ohne Lift ... Wenn wir da nicht manche Helfer gehabt hätten! Nicht bloß das Klavier stünde noch nicht in der alten Wohnung.

Sicher, die Frage musste ich mir schon stellen: Brauche ich das alles? Haben meine bald erwachsenen Kinder nicht Recht, wenn sie meinen, dass ich mindestens 50 Prozent meiner Bücher entsorgen sollte? Warum horte ich eigentlich antike Möbelstücke? Und dann besitze ich auch noch Autos, einen Rebberg mit einem alten Häuschen drauf und ein Hotel … Zugegeben, es gehört vor allem der Bank. Aber immerhin.

Wenn ich darüber nachdenke, was ich alles besitze, kann ich nur staunen. Ich bin wirklich reich. Oder besser gesagt, ich habe viel Besitz. Aber das ist nicht bloß toll. Das kann sehr belastend sein. Nicht nur bei einem Umzug. Wenn ich da nur an den Unterhalt meiner Liegenschaften denke ...

Sicher, als Christ hängt man sein Herz nicht an solche Dinge. Oder doch? Warum tat es so weh, als ich meinen geliebten berggängigen Jeep in den Schrott geben musste? Dieser fahrbare Schatz war im wahrsten Sinne des Wortes vom Rost gefressen. Und bei meinen antiken Möbeln sitzt übrigens der Wurm drin.

Ich möchte selbstkritischer werden in dieser Sache. Woran hängt mein Herz? Am Auto? Am Ferienhaus? Am Job? Am Rebberg? Oder an Gott? Reich bin ich schließlich, weil ich einen guten und unermesslich reichen himmlischen Vater habe. Unabhängig davon, ob ich wurmstichige Möbel besitze oder andere vermeintliche Reichtümer.

GRUß AUS DEN BERGEN

Urlaub nur für Faulenzer?

Es ist Urlaubszeit. Bekannte und Verwandte sind weggefahren. Vorwiegend in den Süden. Aber auch zu uns ins Saastal im Wallis sind manche Gäste gekommen. Zum Glück für uns. Unser herrliches Bergtal lebt schließlich vom Tourismus. Zugegeben, ich selber auch. Ja, wir sind froh um jeden Gast, der in unserem Hotel Urlaub macht. Eine gute Auslastung in der allgemeinen Urlaubszeit ist für uns von existenzieller Bedeutung.

Doch wir haben auch manches zu bieten: eine einmalige Bergwelt mit 18 Viertausendern, eine großartige Flora und Fauna, gesunde Bergluft, Brauchtum und fast unbegrenzte sportliche Möglichkeiten. Von den kulinarischen und besinnlichen Angeboten des familiären Hotels Atlas ganz zu schweigen. Ganzheitliche Ferien, in denen man sich wirklich erholen kann!

Manchmal frage ich mich allerdings, warum nicht mehr Urlaub Suchende bei uns absteigen. Warum sie zu Tausenden in den Süden fahren. Stau, Hitze und Ozon in Kauf nehmen. Nur um sich an einem total überlaufenen Strand den Sonnenbrand zu holen. Und dies, obwohl es doch die Walliser Bergwelt gibt ...

Unbestritten ist wohl, dass der heutige Mensch Urlaub braucht. Abstand zum stressigen Alltag. Weg aus dem gewohnten Umfeld. Fort von Verpflichtungen, Haushalt und Trott. Ruhe, Sonne, Erholung, Kultur, Abenteuer: Wir brauchen Urlaub. Sogar ich. Auch wenn dies in den vergangenen Jahren nur wenig der Fall war. Weil ich immer meinte, der Betrieb ließe es nicht zu. Heute weiß ich, dass auch ich mehrtägige Erholungsphasen brauche. Tage ohne Telefon, Sitzungen und anderen Aufgaben. Tage, an denen ich genügend schlafe, an denen ich Zeit habe, die nicht schon verplant ist. Tage, an denen ich Dinge tun kann, die mich körperlich und geistig wieder aufbauen. Stille, ein gutes Buch, Gespräche mit Regi, meiner Frau, der Besuch einer Galerie, ein Saunabesuch, eine Wanderung. Urlaub ist wichtig für mich. Da schöpfe ich wieder

Kraft für meinen Alltag. Da blüht meine Kreativität wieder auf. Ferien tun einfach gut!

Nur, warum klappt es denn so schlecht mit meinem Urlaub? Meine ich, dass es ohne mich im Betrieb wirklich nicht geht? Dass alles andere halt doch wichtiger ist? Dass ich mir die Ferien sowieso nicht leisten kann? Und ich auf jeden Fall als arbeitsam und ja nicht als faul da stehen möchte? Da bin ich echt am Kämpfen. Sprüche wie: »Ich brauche keine Ferien, ich bin das ganze Jahr in den Ferien« möchte ich mir verbieten. Ich möchte es lernen, rechtzeitig meinen eigenen Urlaub zu planen und konsequent zu nehmen. Gott gönnt mir den Urlaub! Er will, dass wir von Zeit zu Zeit zur Ruhe kommen. Deshalb möchte ich dieses Geschenk, die Ferien, auch dankbar annehmen.

Übrigens, es ist erlaubt, nachzufragen, ob, wo und wie lange ich im Urlaub war. Nachfragen kann helfen, Vorgenommenes auch wirklich umzusetzen!

Und allen Leserinnen und Lesern natürlich einen schönen Urlaub!

NICHT ALLEIN GELASSEN

Echte Freunde braucht der Mann

Arbeitskollegen hat man(n). Gute Kumpels im Verein auch. Flotte Nachbarn. Sympathische Leute in der Gemeinde. Man(n) hat schon Freunde. Meint man(n) ... Doch sind dies wirklich Freunde? Ist es nicht oft so, wie es uns das Sprichwort lehrt, dass man echte Freunde erst in der Not kennen lernt? Wer hält noch zu mir, wenn es mir schlecht geht? Wer bietet mir Hilfe an, wenn ich geschäftlich am Ende bin? Wer ruft noch an, auch wenn ich familiär ein absolutes Chaos habe? Wer steht noch zu mir, auch wenn ich manches völlig falsch gemacht habe? Mit wem darf ich morgens um drei telefonieren, wenn ich mich in meiner Ausweglosigkeit am liebsten von allem verabschieden möchte?

Man(n) braucht Freunde, ich auch! Menschen, die zu mir stehen, egal wie es mir geht und was andere von mir halten. Doch echte Freunde sind rar.

Als Schreiberling habe ich manche Bewunderer. Mein Schreibstil, meine Offenheit, meine Ausdrucksweise hat es ihnen angetan. Diese Bewunderung tut gut. Und wenn sie sogar von Profis kommt, erst recht. Leute bewundern auch meine Vielfältigkeit: Hotelier, Pastor, Tourismusfachmann, Winzer, Autor. Auch dies tut mir gut. Aber was auch ich brauche, das sind Freunde. Richtige Freunde. Zugegeben, ich habe nicht viele. Aber Freunde haben mir zum 20. Hochzeitstag Urlaub mit meiner Frau ermöglicht (sprich bezahlt). Ein Freund hat mich in einer äußerst schmerzhaften Situation einfach in den Arm genommen. Dies hat extrem gut getan. Ein anderer hat mir geschäftliche Unterstützung zukommen lassen. Ohne große Worte. Ein weiterer hat mich liebevoll in meinem Verhalten ermahnt. Ein weiterer hat mir sein Lieblingsbuch geschenkt, welches ihm so sehr geholfen hat. Dies sind Freunde. Ich habe Freunde. Dafür bin ich dankbar.

Leider gibt es auch falsche Freunde. Leute, die mitreiten, wenn es gut geht. Bewunderer, Ratgeber, Besserwisser. Grausame Kritiker, wenn es uns schlecht geht. Menschen, die vieles zu wissen scheinen. Leute, die meinen, manches sagen zu müssen. Echte Freunde sind anders. Sie sind da, wenn man sie braucht. Sie sind da wegen mir. Nicht weil ich etwas geleistet habe.

Die Frage stellt sich natürlich, inwieweit ich auch ein Freund für andere bin. Bin ich für andere da? Können sich meine Freunde auf mich verlassen? Sicher, ich habe wohl manche Freunde schon enttäuscht. Hatte keine Zeit, wenn sie meine Zeit gebraucht hätten. Hatte im Vielen meiner eigenen Aufgaben und Probleme nicht gespürt, wenn sie mich nötig gehabt hätten. Aber Freunde sind nicht nachtragend. Sie können vergeben, sind eben Freunde.

Ich bin dankbar für meine Freunde. Froh bin ich allerdings auch, Jesus, den besten Freund, zu kennen. Der hat sich ganz für mich investiert. Seine Liebe, seine Güte, seine Aufmerksamkeit mir gegenüber sind phänomenal! Der lässt mich nicht allein. Das ist gut zu wissen. Gerade auch in Zeiten, in denen man(n) sich sehr allein gelassen fühlt.

ZWISCHENBILANZ

Das war's ja wohl, mein Lieber!

Arbeitskollegen hat man(n). Man(n) kommt ins Alter. Die Jahre sind einfach so verflogen. Schon mehr als 20 Jahre verheiratet. Der jüngste unserer Söhne auch fast erwachsen, in der Lehre als Automechaniker. Beruflich manches erreicht: Pastor, Hotelier, Hobbywinzer. Auch als Schreiberling manch pointierten Beitrag geleistet. In der Gesellschaft auch einiges erreicht. Manches habe ich gesehen. Vieles durchdacht. Sehr, sehr viel erlebt. Allerhand geleistet. Einiges durchgemacht: Schönes. Schweres. Interessantes. Ich könnte darüber Bücher schreiben ...

Und dann hat man(n) plötzlich so eigenartige Gedanken und Gefühle. Eine größere Leere. Das war's wohl! Das war mein Leben. Die Hauptsache ist gelaufen. Jetzt wirst du wirklich nur noch älter. Mehr Grenzen. Weniger Power. Zunehmende gesundheitliche Einschränkungen. Weniger Träume, weniger Visionen, weniger Fitness, weniger Tatendrang. Ich mag nicht mehr die ganze Welt verändern. Ich habe genügend mit mir zu tun. Das war's wohl ...

War das wirklich alles? Zugegeben: Ich werde immer älter. Ich werde ruhiger. Ich habe große gesundheitliche Einschränkungen. Meine Batterien entleeren sich schneller. Und hübscher werde ich auch nicht mehr. Und doch – noch immer bin ich eine einzigartige Persönlichkeit. Noch immer bin ich von Gott geliebt. Noch immer habe ich Befähigungen, Gaben, Zeit, Phantasie. Noch immer bin ich ein Original Gottes.

Sicher, ich werde künftig langsamer gehen. Brücken über Bergbäche werde ich wohl auch keine mehr bauen. Aber an dem Platz, wo ich bin, möchte ich ganz sein. Als Christ leben. Und auch noch manches bewirken, wenn auch weniger stürmisch, mit konzentrierteren Kräften und vielleicht etwas mehr Weisheit.

Dankbar sehe ich auf die vergangenen Jahre zurück. Sie waren intensiv, interessant und gut. Zuversichtlich gehe ich weiter. Die kommenden Jahre werden anders sein. Aber sicher auch interessant. Und dass mein Gott mich auch da weiter begleiten wird, ist super. Und dass er mich weiter gebrauchen möchte, ist schön.

Ich habe also keinen Grund, zu resignieren. Keinen Grund, wehmütig in die Vergangenheit zu blicken. Ich bin weiter unterwegs. Mit meiner auch nicht mehr ganz zwanzigjährigen Frau. Mit meinen Kindern, die längst größer sind als ich. Mit Mitchristen und Freunden, die auch älter geworden sind. Aber vor allem mit meinem Gott!

EINSATZ FÜR ANDERE

Sollte ich etwa auch ein Politiker sein?

Auch wenn ich vieles bin und kann: Politiker bin ich nicht. Leider. Gerne würde ich unsre Gesellschaft mehr mitgestalten. Aber als Pastor ist es ratsam, politisch neutral zu sein. Und für einen Hotelier gilt dies übrigens auch. Was würden denn meine akademischen Gäste denken, wenn sie wüssten, dass ich bei den letzten Parlamentswahlen die SVP gewählt habe? Allerdings bin ich politisch schon interessiert. Sehr sogar. Ich habe viel gelesen. Mich mit Geschichte, Wirtschaft und Politik intensiv auseinandergesetzt. Ich kenne auch manchen Politiker. Schreibe Bundesräten Briefe.

Erstaunlicherweise wurden die meisten auch beantwortet. Ich habe schon mit verschiedenen Regierungsräten Kaffee oder ein Glas Wein getrunken. Und es dabei natürlich nicht versäumt, Tipps abzugeben. Zum Beispiel unserm Walliser Finanzminister Wilhelm Schnyder, wie er den Tourismus in unserm Bergtal effizienter unterstützen könnte. Doch ich mache mir nicht allzu große Illusionen, dass dies viel bewirkt.

Auch in der Verwandtschaft gibt es manche Politiker. Ein Bruder ist Großrat, ein Schwager auch. Und ich habe eine Schwägerin, die soeben Regierungsrätin geworden ist. Sich in der Gesellschaft zu engagieren liegt unsrer Familie. Auch mir. In unserm Bergtal habe ich wohl schon einiges bewirken können: den Tourismus nachhaltig geprägt, Wanderwege und Brücken gebaut, Heimat für sozial Ausgegrenzte geschaffen. Nein, das Wohl der Mitbewohner ist mir nicht egal.

Aber ist das nicht selbstverständlich? Man(n) setzt sich doch ein für die Gesellschaft!

Es braucht aktive Mitarbeiter in Vereinen, Parteien, Behörden und für das Gemeinwohl überhaupt. Allerdings fällt mir auch auf, dass man(n) sich immer weniger gerne engagiert. Mitreden natürlich schon! So wie beim Fußballspiel, bei dem jeder der 20'000 Zuschauer bestens weiß, welche Maßnahmen der Trainer ergreifen sollte. Man(n) weiß genau, was gemacht werden sollte. Was man(n) tun müsste. Aber selber Verantwortung wahrnehmen in Familie, Gemeinde, am Arbeitsplatz, in der Gesellschaft – das ist etwas anderes.

Was klagen wir doch darüber, was »der Schröder« alles falsch macht! Oder was »der Couchepin« in Bern wieder für unmögliche Entscheidungen fällt. Oder was die Gemeindeleitung am Bedürfnis der Gemeinde vorbei entscheidet. Zugegeben, vieles läuft schief. Überall. Auf manchen Posten sitzen auch schlicht die falschen Leute.

»Suchet der Stadt Bestes« fordert uns die Bibel heraus. Sich für die Gesellschaft engagieren. Nicht bloß als kritischer Zuschauer falsche Entwicklungen kritisieren. Sondern sich kreativ einbringen. Auch im Kleinen. Das wäre gefragt. Ich denke an den Mann, der jeden Samstag ausländischen Jugendlichen hilft, Bewerbungen zu schreiben und Versicherungsfragen zu klären. Das ist ein Politiker! Einer, der sich fürs Wohl der Menschheit engagiert.

Das möchte ich auch sein: Einer, der sich fürs Wohl anderer einsetzt. Also ein Politiker.

über Geld spricht man nicht,
Geld hat man...

FINANZIELLER DRUCK

Wer kann das denn noch bezahlen ...?

Kostendruck. Alle reden davon. Regierung, Parlament, Konzerne, Arbeitgeber. Das Geld ist knapp. Die Verpflichtungen sind groß. Und das Schlimmste dabei: bei mir auch. Nicht bloß im Betrieb. In unserm privaten Haushalt auch. »Wer kann sich das Leben heute denn überhaupt noch leisten?«, ist man(n) versucht zu fragen. Krankenkasse, Ausbildung der Kinder, Altersvorsorge, Miete, Haushalt, Taschengeld für alle, Steuern etc. Und dann bräuchte man(n) in dieser stressigen Zeit auch noch Urlaub. An das Auto muss gedacht werden. Ob ich ins alte investiere oder ein neues kaufe: Es kostet. Dazu sollte noch für christliche Gemeinden, Werke und soziale Projekte gespendet werden. Von Weihnachtsgeschenken wollen wir schon gar nicht reden. Finanzieller Druck!

Gespräche haben mir bestätigt: Man(n) fühlt sich verantwortlich. Das Wohl (auch das finanzielle) der Familie ist mir wichtig. Man(n) fühlt sich als verantwortlicher »Ernährer«. Auch wenn dies heute nicht mehr so formuliert wird. Und wenn's nicht klappt, hat man(n) ein Problem. Das trifft uns doch in unserem Selbstwert. Doch was kann man(n) tun? Klar, sparen! Doch wo? Bei den Ferien? Das tue ich schon. Im Haushalt? Da macht meine Frau das Möglichste. Bei der Ausbildung der Kinder? Das wollen wir nicht. Denkbar wäre eine Kürzung des Taschengeldes. Bei meinem notabene. Auf meine Zigarren könnte ich doch verzichten. Dazu das Auto weniger benutzen. Auch die zweite Tageszeitung ist nicht lebensnotwendig. Und brauche ich wirklich eine so gute Altersvorsorge?

Verraten kann ich: Auch bei Gysels geht's ohne Budget nicht. Sich über die verschiedenen Posten Gedanken zu machen, Ausgaben zu straffen, nicht mehr auszugeben, als man hat. Das hilft. Ist wohl notwendig.

Übrigens, es gibt bei uns auch dieses Jahr Weihnachtsgeschenke. Zugegeben, die neuen Ohrringe meiner Frau waren nicht die teuersten. Aber ich schenkte sie von Herzen, und sie gefallen ihr sehr. Anlässlich unseres Urlaubs hat sie das Weihnachtsgeschenk nämlich schon im Voraus erhalten.

Dazu rechne ich im finanziellen Bereich auch mit Gottes Hilfe. So jedenfalls verstehe ich die Steuerrückerstattung, die wirklich im richtigen Moment kam. Oder den Zustupf von Freunden für unseren Urlaub, den wir nach zwanzig Ehejahren erstmals vollumfänglich bezogen und sehr genossen haben.

Dass mich mein Gott auch finanziell nicht im Stich lässt, hilft mir, das neue Jahr gelassener und zuversichtlicher angehen zu lassen. Gerade auch dort, wo in unserem Gästebetrieb einige größere, überfällige Investitionen anstehen.

WENN MÄNNER REDEN

Liebe Frauen, gönnt uns bitte unsere Gespräche!

»Was redet ihr Männer eigentlich, wenn ihr zusammen seid? Schreib doch einmal darüber!« So wurde ich kürzlich aufgefordert. Von einer Frau natürlich. Glücklich verheiratet. Leider war ich zuwenig spontan, um ihr zu sagen, dass sie da besser ihren eigenen Mann fragen sollte. Das ärgerte mich hinterher. Umso mehr, als ich mich selber doch als ziemlich schlagfertig einstufe. Und doch: Die Frage ist gut und berechtigt.

Was reden wir Männer eigentlich miteinander? Wichtiges natürlich. Sachliches sowieso. Vielleicht nicht so viel wie Frauen. Das bestätigt zumindest jede Statistik. Trotzdem, auch Männer reden. Zum Glück. Für manche Frau ist der Inhalt der männlichen Gespräche allerdings enttäuschend. Fußball ist ein Thema. Erlebnisse aus dem Militärdienst sowieso. Auch Sex kommt zur Sprache. Selbst wenn dies unter christlichen Männern nicht schmutzig geschehen muss. Gute Witze erzählt man(n) sich auch gerne. Job, Eigenheim und Politik sind weitere Themen. Männer haben eigentlich viel zu reden.

Nur sehr guten Freunden gegenüber öffnet sich der Mann aber, wenn es um persönliche Dinge geht. Frust in der Ehe. Sorgen mit den kiffenden Teenagern. Den Schlaf raubende finanzielle Probleme. Angst vor dem Nicht-Mehr-Genügen-Können in Ehe, Beruf und Gesellschaft. Ausweglosigkeiten, Selbstmordabsichten, Straftaten, fehlende Perspektive. Und noch schwerer tun wir Männer uns damit, über geistliche Themen zu reden. Stille Zeit. Missionarisches Engagement. Verantwortung in der christlichen Gemeinde. Christlicher Lebensstil. »Ich bin ein Tempel Christi, und doch konsumiere ich fast täglich Pornos.« So ehrlich erlebe ich Männer und suche mit ihnen Wege da heraus.

Aus den vielen Zuschriften, die ich erhalte, weiß ich, dass wahrscheinlich mehr Frauen als Männer meinen »Stammtisch« lesen. Deshalb wende ich mich hier an die Frauen.

Liebe Frauen, gönnt den Männern ihre Gespräche mit andern! Wir brauchen dies. Oberflächliches, Persönliches, Geistliches. Für Letzteres braucht es normalerweise den

Anlauf über ein anderes Thema. Wenn Männer miteinander reden, ist das gut. Das ist keine Konkurrenz für euch. Wir Männer brauchen einander, um für euch echte Männer zu sein. Das hört sich vielleicht etwas geschwollen an. Doch gesunde Männerfreundschaften sind wichtig für jede Ehe.

Liebe Frauen, ihr müsst nicht wissen, was wir Männer miteinander reden! Aber freut euch, wenn wir ein gutes Umfeld von Freunden haben, wo wir austauschen, schwatzen, es lustig und gut haben und auch Geistliches miteinander verarbeiten können.

HERAUSFORDERUNGEN

Ich möchte doch die Welt verändern!

Veränderung. Alle sprechen davon. Ob Politiker, Manager oder christliche Leiter. Veränderung sei nötig. Einleuchtend. Wer einen Veränderungsprozess aufhält, ist ein Totengräber. Die Gesellschaft muss sich doch den neuen

Herausforderungen stellen. Das Unternehmen kann nur durch ständige Anpassung Erfolg haben und Arbeitsplätze sichern. Die Gemeinde muss doch in einer stetigen Veränderung bleiben, sonst geht keiner mehr hin. Veränderung ist nötig. Das ist klar. Selbst wenn mit diesem Schlagwort auch viel Unfug getrieben wird. Nicht bloß in der Welt ...

Klar ist, dass wesentlich mehr von Veränderung geredet wird, als verändert wird. So nach dem Motto jenes Knechtes, der mir vor 30 Jahren sagte: »Solange man fragt und redet, braucht man noch nichts zu tun ...« Solange man erklären kann, man sei in einem Prozess der Veränderung, erwartet keine konkreten Resultate. Vielleicht sollte man weniger darüber reden, aber mehr tun ...

Veränderung. Ich gehöre übrigens auch zu denen, die verändern wollen. Meine Frau, die Kinder, Mitarbeiter und Gemeinde. Selbst die Welt möchte ich noch immer verändern. Den Amis im Irak vorleben, was das Volk dort wirklich braucht. Den Aids-Waisen in Afrika eine Perspektive schaffen. Ungerechtigkeiten abschaffen. Not lindern. Auch in unserm Bergtal. Ich möchte verändern. Am liebsten natürlich eben die andern.

Und da habe ich gemerkt, dass ich nicht alleine bin. Man(n) weiß, wer und was sich ändern sollte. Die Ehefrau, der Chef, der Prediger, die Gemeinde, die Regierung, die Gesellschaft. Nur, die andern gehen auf den von mir so weislich durchdachten Veränderungsprozess nicht ein. Finden ihn nicht großartig. Dazu wäre dies auch nicht unbedingt gut. Von andern erwartete Veränderung kann auch für mich alles andere als gut sein. Wenn sich zum Beispiel meine Frau so verändert hätte, wie ich sie mir gewünscht hätte, wenn sie in der Öffentlichkeit weniger spontan wäre, wenn sie mehr Interesse an alter Kunst, Politik und Philosophie entwickelt hätte, wenn sie so geworden wäre wie ich, dann hätte dies unsere Beziehung wohl nicht bloß fad gemacht, sondern echt gefährdet.

Veränderung einfach zu fordern bringt nichts. Ist wohl meistens kontraproduktiv. Entscheidend wäre doch, dass man(n) sich selber verändert. Neues lernen. Wachsen. Unbekanntes entdecken. Schlafendes wecken. Aber das kann ängstigen. Und doch, ich möchte dranbleiben. Ohne große Worte darüber. Wenn ich mich mit Gottes Hilfe an der einen oder andern Stelle positiv entwickle, dann hat dies sicher auch Auswirkung auf meine Umgebung.

SELBSTWERT

Männer, wer sind wir denn eigentlich?

Es gibt sie halt. Die Männer. Das ist unbestritten. Auch wenn sie für fast alles, was schief läuft in unserer Gesellschaft, herhalten müssen. Beziehungen gehen in die Brüche, weil Männer zuwenig reden. Familien leiden, weil die Männer nie da sind. Im Betrieb gibt es die mobbenden Männer. In der Politik ist es noch schlimmer. Männer sind schuld an Kriegen, Umweltverschmutzung und sozialer Ungerechtigkeit. Und in der christlichen Gemeinde verhindern meist Männer Veränderung, Aufbruch, Erweckung.

Das hört man(n) zumindest. Heute ein Mann zu sein, ist gar nicht so einfach. Dafür, dass ich ein Mann bin, kann ich allerdings nichts. Das ist schon einmal entlastend. Aber es ist heute wirklich eine enorme Herausforderung, ein Mann zu sein.

Nicht, dass ich mich nach früheren Zeiten zurücksehne, als der Mann noch das Sagen hatte. Die Rollen klar verteilt waren. Aber es macht mich betroffen, wenn Männer generell für alles Schlechte verantwortlich gemacht werden. Und wütend, wenn ich Männer sehe, die sich selber als Waschlappen sehen und keinen Selbstwert mehr besitzen. Liebe Männer: Lasst euch das nicht einreden! Auch wir sind einzigartige Kreaturen unseres Schöpfers. Ausgestattet mit Fähigkeiten. Beschenkt mit Gaben, Kreativität, Zielstrebigkeit. Als Mann sind wir etwas. Wer das bezweifelt, kommt aus einer falschen ideologischen Ecke.

Zugegeben, Männer haben viel verbrochen. Dass Frauen einen Krieg gegen den Terror führen würden, ist schlecht vorstellbar. Wir Männer versagen auch in unserem alltäglichen Leben. Ich mache – weil ich großes Geschwätz hasse – dummerweise meinen Mitarbeitern viel zu wenig Komplimente. Ich habe in den letzten Jahren effektiv zu wenig Zeit in meine Familie investiert. Nein, wir Männer sind nicht fehlerfrei. Im Gegenteil.

Aber auch uns Männern gilt die Vergebung, die uns Jesus Christus permanent anbietet. Man(n) hat die Chance des Neuanfangs. Auch wir Männer sind von Gott geliebt. Von ihm geschaffen. Halt anders als die Frauen, aber auch gut. Und zusammen wäre es doch ideal. Ergänzung, nicht Konkurrenz. Gott hat es so gewollt. Also seien wir doch, was wir sind! Aus voller Überzeugung. Mann. In unserer Einzigartigkeit. Man(n) ist etwas! Auch wenn ich froh bin, dass Gott noch Frauen – und vor allem auch meine Frau – geschaffen hat.

DIE GROẞE VERDRÄNGUNG

Und plötzlich bist du am Ende!

Männer trifft er zwar früher. Statistisch gesehen. Der Tod. Und doch, man(n) tut so, als ob es ihn nicht gäbe. Drei Beerdigungen hatten wir diese Woche in unserem Tausend-Seelen-Dorf im Saastal. Eine betraf einen jungen Familienvater. Arbeitsunfall. Wenige Stunden zuvor waren wir uns noch begegnet. Er war auch »Stammtisch«-Leser ...

Im Moment ist man(n) erschüttert. Und dann geht man(n) wieder zur Tagesordnung über. Die Pflicht ruft. An den eigenen Tod denkt man(n) kaum. Man(n) lebt, als ob man immer leben würde. Dabei bin ich bald fünfzig. Habe einen zu hohen Blutdruck. Lebe nicht gesund. Erlebe viel Stress. Und doch, das Thema Tod ist bei mir nicht aktuell. Auch wenn ich für meine Familie vor Jahren eine Lebensversicherung abgeschlossen habe. Oder ich an besonders schmerzintensiven Tagen des Lebens völlig überdrüssig bin. Und kürzlich sogar in einer Predigt den Psalmisten zitiert habe: »Lehre uns bedenken, dass wir sterben müssen, auf dass wir klug werden.« Das Thema Tod ist für mich nicht aktuell.

Als gut Zwanzigjähriger, mit gesundheitlich schlechter Perspektive, hatte ich einmal ein Testament verfasst. Heute, wo es sicher angebrachter wäre, existiert diesbezüglich nichts mehr. Ich lebe (noch). Ich habe noch Pläne und Visionen. Für mich, die Familie, die Gemeinde, den Betrieb. Manches würde ich noch gerne erleben. Auch Unwichtiges wie gewisse exotische Bäume in meinem Rebberg pflanzen. Ich denke, dass dies so auch richtig ist. Der Mensch soll dranbleiben. Visionen haben. Bäume pflanzen. Auch im Alter.

Und doch, unser Leben hier ist vergänglich. Das Gebet ist von da her gut: »Lehre uns bedenken, dass wir sterben müssen, auf dass wir klug werden.« Für mich heißt dies, dass ich mich dem Tod stellen möchte. Mir immer wieder bewusst mache: Man(n) stirbt – früher oder später. Aus diesem Wissen soll ich mein Leben hier gestalten. Sicher, ich weiß auch, dass mein Tod bloß Durchgang ist zum ewigen Fest Gottes. Und doch, ich möchte hier noch manches regeln. Nicht bloß ein Testament aufsetzen. Auch meiner Frau und meinen Kindern sagen (oder schreiben), was ich noch sagen wollte. Ein Vermächtnis also. Und so leben, dass ich wirklich jederzeit abtreten könnte.

Ob ich da mein Büro nicht doch etwas aufgeräumter halten müsste ...?

OFFENE WORTE AUS DEM SAASTAL

150. Ausgabe des CMA: Der ideale Abgang!

Ich bin Pastor. Auch Hotelier und Hobbywinzer. Ehemann und Familienvater. Engagiert in der Öffentlichkeit. Voller Ideen für den Tourismus. Mit einem großen Herzen für Menschen. Vor allem für Benachteiligte in unserer Gesellschaft. Und dann auch noch Journalist. Redaktor beim CMA. Und das von Anfang an. Dies ist die 150. Ausgabe, die ich mit zu verantworten habe ...

Ein idealer Moment, um sich zu verabschieden. Keiner kann es mir übel nehmen, wenn ich mich in Zukunft auf die vielfältigen andern Aufgaben konzentrieren werde. Jeder muss dankbar sein, dass ich diesen Job so lange uneigennützig, selbst ohne Spesenentschädigung, gemacht habe. 150 Ausgaben, fast vierzehn Jahre, das genügt. Nicht auszuschließen ist, dass einige Leser auch froh sein werden, wenn sie meine Kolumnen nicht mehr lesen müssen ... Auch ich konnte es schließlich nicht allen Leuten recht machen. Insbesondere an den »Offenen Briefen« schieden sich einige Geister. Frappant war allerdings immer wieder die Tatsache, dass diese Briefe bei den Adressaten insgesamt gut ankamen.

150 Ausgaben Chrischona-Magazin. Viel Arbeit. Immer wieder Ringen nach dem richtigen Thema, nach der richtigen Formulierung. Wir wollten schließlich etwas bewegen in der Chrischona-Familie, in der Christenheit und in dieser Gesellschaft überhaupt. Sicher, ich habe auch profitiert vom CMA. Es gab mir immer einen Blick über das Wallis hinaus. Es forderte mich auch heraus, mich sprachlich konzentriert auszudrücken. Und da hat mir diese Mitarbeit wohl die nachhaltigste Weiterbildung verschafft. Und Freundschaften sind entstanden: Andrea Vonlanthen, der damals Chefredaktor des CMA war, und auch andere aus der Redaktion sind mir zu wichtigen Freunden in meiner besonderen Aufgabe im Wallis geworden. Ich bin dankbar dafür.

Nur, das CMA ist selbst aus dem Saastal nicht mehr wegzudenken. Manche Talbewohner fühlen mit dem

CMA meinen Puls. Heimliche Leser informieren sich über mich und über Gleichgesinnte via CMA. Ist doch gut so. Und wenn ich an all die Talbewohner denke, die meinen »Stammtisch« in Buchform besitzen und teilweise gar noch signiert haben wollten ... Warum soll ich eigentlich aufhören zu schreiben? Nur weil 150 Ausgaben genug sind? Nein, es gibt noch viel mehr zu sagen, respektive zu schreiben! Ich erlebe jedenfalls, dass das CMA auch von Menschen, die dem Glauben gegenüber skeptisch sind, interessiert gelesen wird.

Nein, die 150. Ausgabe ist kein Grund, um aufzuhören! Dinge, die man(n) für richtig und wichtig erkannt hat, soll man(n) tun. Dies rate ich jedermann. Unsere Gesellschaft bräuchte sowieso weniger Abgrenzer, Kneifer, Drückeberger ... Unsere Gesellschaft bräuchte Männer mit Profil. Menschen, die einstehen für ihre Überzeugungen. Nein, die Zahl 150 wird mich nicht davon abhalten, weiter das zu tun, was ich für richtig halte. Nämlich schreiben. Auch wenn es das CMA einmal nicht mehr geben sollte. Vielleicht in der Nachfolgezeitschrift, sicher aber weiterhin im idea-Spektrum.

Christoph Gysel, geboren am 1. Oktober 1958 in Wilchingen, Kanton Schaffhausen. Verheiratet mit Regula, drei Söhne im Alter von 16, 18 und 20 Jahren. Im Wallis seit 1986 ansässig. Leiter des Hotel Atlas in Saas Grund. Mitglied des Vereins Christlicher Hotels (VCH). Nebst Hotel Ferienwohnungen und ein Gruppenhaus. Der Wahlwalliser Christoph Gysel ist als Pastor, Winzer und Journalist tätig. Er fördert kreativ Tourismus und Kultur im Saasertal und engagiert sich seit Jahren aktiv für Sozialprojekte.

Hotel Atlas, CH-3910 Saas Grund
Tel. 0041 (0) 27 957 45 70
Fax 0041 (0) 27 957 45 71
www.ferienerlebnis-saastal.ch